Oxford excellence for the Caribbean

¿Qué Hay?

Cuaderno 1

Nombre ....

OXFORD
UNIVERSITY PRESS

En el aula

Draw lines to match these commonly used classroom instructions with the picture that best describes the command.

1. Levántate   a.

2. Miren la pizarra   b.

3. Habla con tu compañero de clase   c.

4. Siéntense   d.

5. Toma el cuaderno   e.

6. Cierra la ventana   f.

7. Abre el libro   g.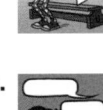

8. Escucha el diálogo   h.

9. Lee el texto   i.

10. Escribe el ejercicio   j.

Unidad 1: El español en el mundo

Las capitales hispanas

Ejercicio 1

Complete the sentences.

For example: San Juan es la capital de Puerto Rico.

1. _____ es _____ de Paraguay.
2. _____ Panamá.
3. _____ Guatemala.
4. _____ Chile.
5. _____ México.

Más capitales

Ejercicio 2  Reorder the words in these sentences so that they make sense.

For example: **1.** La capital de España es Madrid./Madrid es la capital de España.

1. España capital la es Madrid de _____
2. es de capital Habana La la Cuba _____
3. capital es de Quito Ecuador la _____
4. Caracas Venezuela la es de capital _____
5. Nicaragua capital la de es Managua _____
6. Aires Argentina Buenos capital la de es _____

Ejercicio 3   Are the following statements true (✓) or false (✗)? Correct those which are false. The first one has been done for you.

	Verdad	Mentira
1. San José es la capital de Cuba.		✗
2. Santiago es la capital de Chile.		
3. Asunción es la capital de Uruguay.		
4. Bogotá es la capital de Colombia.		
5. La Paz es la capital del Perú.		
6. Montevideo es la capital de la República Dominicana.		
7. Tegucigalpa es la capital de Honduras.		

1. San José es la capital de Costa Rica. **OR** La Habana es la capital de Cuba.

Algunas matemáticas

Ejercicio 4

Draw a line to pair up each sum with its correct answer.
The first one has been done for you.

1. dos más seis son
2. cinco más dos son
3. uno más tres son
4. seis más tres son
5. cuatro más dos son
6. siete más tres son

a. nueve
b. cuatro
c. seis
d. ocho
e. diez
f. siete

Ejercicio 5

Circle all the numbers you can find in the wordsearch. There are three letters spare. Which number do they make?

c	s	e	i	s	o
i	u	n	o	i	c
n	u	e	v	e	h
c	d	o	s	t	o
o	s	d	i	e	z
c	u	a	t	r	o
o	d	t	r	e	s

___ ___ ___

¿Qué hay? Cuaderno 1

Algunos números

Put the numbers in the correct order.

For example: h, _____

a. once
b. tres
c. catorce
d. ocho
e. doce
f. quince
g. siete
h. dos
i. dieciséis
j. trece

Unscramble the letters to find the numbers. Can you write them in order? Start with the smallest.

o d s

n o u

c o c i n

i s s e

v u n e e

z i e d

i d i e s c i t e e

n i t v e e

c h o d i c e o i

n u d e v i c e i e

Los resultados del fútbol

  Read the newspaper reports of the football matches played at the weekend, and fill in the table with the missing numbers.

Estos son los resultados de los partidos de fútbol del quince de febrero de dos mil diecisiete.

El Real Madrid gana por dos a uno al Barcelona. Sevilla pierde cero-tres contra el Atlético de Bilbao. El Atlético de Madrid gana con cuatro goles a tres contra Getafe. El Sporting de Gijón empata con Málaga con dos goles para cada equipo.

VOCABULARIO

gana	*wins*
pierde	*loses*
contra	*against*
empata	*draws*
cada equipo	*each team*

_____ de febrero de 20 _____

Real Madrid _____ Barcelona _____

Sevilla _____ Atlético de Bilbao _____

Atlético de Madrid _____ Getafe _____

Sporting de Gijón _____ Málaga _____

¿Qué hay? Cuaderno 1

Crucigrama

Complete this crossword.

HORIZONTALES
1. Capital de Honduras
5. Con 15 Vertical: capital de Argentina
7. Diez más cuatro
9. Once menos diez
10. Capital del Perú
12. Catorce menos dos
14. Su capital es Managua
17. Capital de Colombia
19. Su capital es Caracas
20. Su capital es Lima

VERTICALES
1. Cinco más ocho
2. Su capital es la Ciudad de Guatemala
3. Nueve menos cuatro
4. Capital de Paraguay
6. Quince más cinco
8. Uno más dos
11. Capital de la Guinea Ecuatorial
13. Catorce más uno
15. Con 5 Horizontal: capital de Argentina
16. Su capital es La Habana
18. Cinco más seis

Unidad 1 El español en el mundo

Algunas palabras

 Circle the odd-one-out in each group of words.

For example: Veinte   Dos   (Caracas)   Catorce

1. La Habana   Trece   Buenos Aires   Santo Domingo
2. Montevideo   México   Panamá   El Salvador
3. Bolivia   Uruguay   Chile   España
4. Lima   Quito   Quince   Santiago
5. Cuatro   Catorce   Cinco   Colombia
6. Nicaragua   Asunción   Sucre   San Juan

Find words that you have learnt (countries, capitals and numbers) in the wordsnake.
What letters are left? What word do they make?

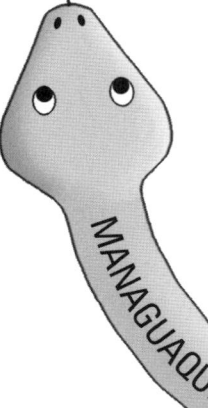

MANAGUAQUINCEÑCUBAESANTIAGOSUNOLCHILEVENEZUELAPLIMAOSIETEADOS

The word is: _____

nueve   9

Hola, ¿qué tal?

Buenos días

Ejercicio 1

Put the phrases into the order they would be said during the day.

1. Buenas noches. _____
2. Buenas tardes. _____
3. Buenos días.   _____

Ejercicio 2

Complete the phrases.

1. H _ _ _
2. B _ _ _ os _ _ _ _
3. B _ _ _ _ _ _ _ rd _ _
4. B _ _ _ _ _ _ _ ch _ _

Ejercicio 3

Unscramble the letters to find the words.

ohla	_____	lam	_____
¿équ lat?	_____	blertire	_____
nibe	_____	lugraer	_____
sám o mones	_____	vechrée	_____

¿Qué tal?

Ejercicio 4

Circle the odd-one-out in each group of words.

1. Hola   Buenos días   Hasta pronto   Buenas tardes
2. Nos vemos   Hasta mañana   ¿Qué tal?   Adiós
3. Bien   Terrible   Chévere   Muy bien
4. Bien   Mal   Regular   Gracias

Ejercicio 5

Complete the dialogues using words from the boxes. Be careful! Some words are extra, and others may be used more than once.

| buenos | noches | bien | adiós | mañana |
| días | tal | vemos | nos | estás | tardes |

Roberto: Buenos _____ , señor Moreno.
Señor Moreno: _____ _____, Roberto. ¿Qué _____?
Roberto: Muy _____, gracias.
Señor Moreno: Bueno, _____. Hasta _____.
Roberto: _____. Nos _____.

| nos | hola | buenos | tú | pronto | adiós |
| qué | chévere | días | noches | bien |

Roberto: _____, Ricardo.
Ricardo: _____, Roberto. ¿ _____ tal?
Roberto: Yo, _____. ¿Y _____?
Ricardo: Muy _____, gracias.
Roberto: Bueno. Hasta _____, adiós.
Ricardo: Sí, _____. _____ vemos.

¡Adiós!

Ejercicio 6  Draw a line to pair up each Spanish phrase with its English equivalent.
The first one has been done for you.

1. Hasta mañana.
2. Encantada.
3. Bienvenido.
4. Gracias.
5. ¡Chévere!
6. Hasta luego.
7. Adiós.

a. Great.
b. Goodbye.
c. Thank you.
d. Pleased to meet you.
e. See you tomorrow.
f. Welcome.
g. See you.

Ejercicio 7  Circle all the words and phrases used in greetings and farewells that you can find in the wordsearch. Then write them in a list.

h	a	s	t	a	p	r	o	n	t	o	b
o	m	a	l	y	t	ú	c	e	c	t	i
l	q	u	é	t	a	l	ó	n	e	e	e
a	d	i	ó	s	l	i	m	c	r	r	n
m	u	y	b	i	e	n	o	a	i	r	v
f	c	h	é	v	e	r	e	n	t	i	e
m	u	c	h	o	g	u	s	t	o	b	n
p	y	r	w	c	g	m	t	a	j	l	i
r	e	g	u	l	a	r	á	d	u	e	d
t	s	n	c	h	a	o	s	o	b	h	o
c	h	a	s	t	a	m	a	ñ	a	n	a
b	u	e	n	a	s	t	a	r	d	e	s

Este es...

Ejercicio 8

Circle the correct words or phrases from the alternatives given in the following dialogue.

Eduardo: Hola, Roberto. Buenos días. **¿Qué tal?/Hasta luego**.
Roberto: Muy bien, Eduardo, **adiós/gracias**. ¿Y tú?
Eduardo: ¡Chévere! Mira. **Este/Esta** es Gloria.
Roberto: **Encantado/Encantada**, Gloria. **Bienvenido/Bienvenida**.
Gloria: **Encantado/Encantada**, Roberto.

Ejercicio 9

Replace each picture in these conversations with an appropriate word or phrase.

For example:
– 🌙 ★ Buenas noches. ¿✓/✗? ¿Cómo estás, Luisa?
– Estoy 😁 chévere, gracias. ¿Y tú?
– 😐 Más o menos, gracias.

1. – ☀️ _____, Carlos. ¿✓/✗? ¿_____?
   – 🙂 _____, gracias. ¿Y tú?
   – Yo, 😄 _____, gracias.

2. – ☀️ _____, Felipe. Mira, 👉 _____ Nicolás.
   – 🙂 👉 _____, Nicolás.
   – 🙂 👉 _____, Felipe.

3. – ¿✓/✗? ¿_____?
   – 😫 _____.

4. – Bueno, 👋 _____. Hasta luego.
   – Adiós. Hasta pronto.

Mucho gusto

Ejercicio 10 — Complete the words in the speech bubbles with the correct missing vowels.

1. Alejandro, est__ es mi amig__, Marta.
   Encantad__. Bienvenid__.

2. Luis y David, est__ es Lucía.
   Encantad__s. Bienvenid__.

3. Señora Rodríguez, est__ es el señor García.
   Encantad__. Bienvenid__.

4. Daniela y Carolina, est__ es Juana.
   Encantad__s. Bienvenid__.

5. Carlota, est__ es Manuel.
   Encantad__. Bienvenid__.

¡Soy yo!
Me llamo...

Ejercicio 1

Reorder the words in these questions so that they make sense.

1. ¿te cómo llamas? _____
2. ¿llama cómo usted se? _____

Which of the two questions above would you use when talking to:

	1	2
a. a teacher?	☐	☐
b. your cousin?	☐	☐
c. the friend of a friend, whom you have just met?	☐	☐
d. an adult friend of your parents, whom you have just met?	☐	☐

Ejercicio 2

Reorder the sentences in each conversation so that they make sense.

VOCABULARIO
el/la colega   (work) colleague

a. Mi nombre es Miranda. ☐
b. Hola, Tomás. Te presento a mi amiga. ☐
c. Encantado, Miranda. ☐
d. Hola. ¿Cómo te llamas? ☐
e. Hola, Miguel. ☐

a. Me llamo Francisca Rivera. ☐
b. Buenos días, Alfonso. ☐
c. Buenos días. ¿Cómo se llama usted? ☐
d. Alfonso, esta es una colega. ☐
e. Buenos días, Martín. ☐

quince 15

¿Qué hay? Cuaderno 1

¿Cuántos años tienes?

Ejercicio 3

Reorder the words in this question and answer so that they make sense.

1. ¿años tienes cuántos? _____
2. catorce tengo años. _____

Ejercicio 4

How old are they? Who says what?

a. Alicia

b. Esteban

c. Lola

d. Tomás

e. Paco

1. Tengo trece años. _____
2. Tengo catorce años. _____
3. Tengo diez años. _____
4. Tengo once años. _____
5. Tengo doce años. _____

Unidad 3 ¡Soy yo!

¿Dónde vives?

Ejercicio 5

Who says what? Match a letter from the map with each of the statements below.

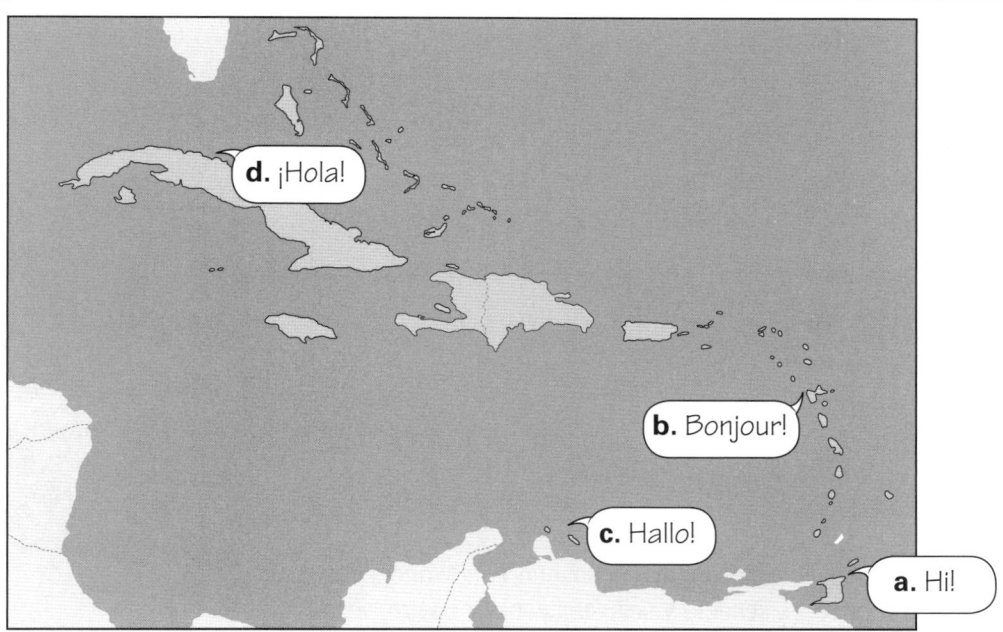

1. Hola. Me llamo Raúl. Vivo en La Habana, Cuba. ☐
2. Mi nombre es Françoise. Vivo en Guadalupe. ☐
3. Me llamo Theo. Vivo en Aruba. ☐
4. Hola. Me llamo Ramesh. Vivo en Trinidad. ☐

Ejercicio 6

Make up a dialogue in which you include the following questions with their answers.

- ¿Cómo te llamas? • ¿Cuántos años tienes? • ¿Dónde vives?

_____
_____
_____
_____
_____
_____

diecisiete

Los números

Put these numbers into the correct order.

For example: f, ... _____

- **a.** doce
- **b.** veintitrés
- **c.** siete
- **d.** treinta y dos
- **e.** quince
- **f.** tres
- **g.** dieciséis
- **h.** treinta
- **i** veintinueve
- **j.** trece
- **k.** ocho
- **l.** treinta y cuatro

Here is an extract from the telephone directory. Pair up each number **a–d** with the correct person.

Susana Alberti........ cincuenta y ocho, cuarenta y uno, ochenta
Federico Alonso..... sesenta y seis, cincuenta y cuatro, veinte
Paquita Álvarez...... treinta y cinco, catorce, setenta y tres
Mercedes Arroyo.... noventa y dos, ochenta y siete, cero nueve

- **a.** 66 54 20 _____
- **b.** 92 87 09 _____
- **c.** 58 41 80 _____
- **d.** 35 14 73 _____

Write these telephone numbers in words, in Spanish.

1. 72 16 84 _____
2. 63 05 28 _____
3. 96 57 30 _____
4. 49 14 11 _____

Unidad 3 ¡Soy yo!

Más números

Ejercicio 10  Circle all the numbers you can find in the wordsearch. Then write them in a list.

c	u	a	r	e	n	t	a	v	b
n	r	t	s	n	d	o	c	e	o
o	c	h	e	n	t	a	i	i	c
v	i	t	s	m	r	c	n	n	a
e	e	r	e	q	e	u	c	t	t
n	n	e	n	u	i	a	u	i	o
t	t	c	t	i	n	t	e	t	r
a	o	e	a	n	t	r	n	r	c
o	n	c	e	c	a	o	t	é	e
a	s	e	t	e	n	t	a	s	t

_____
_____
_____
_____
_____
_____
_____
_____
_____
_____
_____
_____
_____

Ejercicio 11  Which numbers are missing in each sequence?

1. cinco, _____, quince, veinte, _____
2. once, veintidós, _____, cuarenta y cuatro, _____, _____
3. noventa y seis, _____, setenta y dos, sesenta, _____
4. cuarenta y ocho, _____, sesenta, sesenta y seis, setenta y dos
5. uno, tres, cuatro, siete, once, _____, veintinueve

diecinueve 19

Match the first phrase or question with the most appropriate response.

1. Hola Miguel.
2. ¿Cómo te llamas?
3. ¿Cuántos años tienes?
4. Adiós.
5. Esta es Marta.
6. ¿Cómo se escribe?

a. Me llamo Carlos.
b. Hasta luego.
c. Tengo 12 años.
d. M-A-R-T-A
e. Hola Tomás, ¿qué hay?
f. Encantado.

Personalidades del mundo hispano (1)

Study the information about the well-known Hispanic people on pages 46–47 of Student's Book 1. Then pair up each description below with the correct person. See what additional information you can find out about these personalities, either online or elsewhere.

1. Tengo unos 30 años. Soy tenista. _____
2. Soy futbolista. Soy español. _____
3. Soy un futbolista muy famoso de la Argentina. Tengo unos 30 años. _____
4. Soy español, pero vivo en los Estados Unidos. Soy actor. _____
5. Vivo en Colombia. Mi nombre se escribe P-A… _____
6. Soy mexicana. Tengo unos 50 años. _____
7. Soy española. _____
8. Vivo en los Estados Unidos, pero soy de España. Tengo unos 40 años. _____
9. Mi nombre se escribe S-H… Me encanta cantar. _____
10. Soy de Puerto Rico, en el Caribe. _____

Unidad 3 ¡Soy yo!

  Find a photo or draw a picture of a famous person, and complete the speech bubbles.

Me llamo _____.

Tengo _____ años.

Vivo en _____.

Soy de _____.

veintiuno 21

Mis nuevos amigos

¿Cómo se llama?

Ejercicio 1  Pair up each question with the appropriate answer.

1. ¿Cómo se llama el doctor? ☐
2. ¿Cómo se llama la profesora? ☐
3. ¿Cómo se llama tu compañero de clase? ☐
4. ¿Cómo se llama tu compañera de clase? ☐

a. Se llama Ana María.
b. Se llama señorita Laredo.
c. Se llama señor Martín.
d. Se llama Francisco.

Ejercicio 2  Complete the conversation using the words in the box.

| Arrozco | Se | Cómo | Martínez | llama |

— Mira. Esta es Laura Martínez Arrozco.
— ¿_____ se _____?
— _____ llama Laura _____ _____.

Información personal

Ejercicio 3

Pair up each question with the appropriate answer.

1. ¿Cómo se llama?
2. ¿Dónde viven?
3. ¿Cuántos años tienen?
4. ¿Cómo se llaman?
5. ¿Cuántos años tiene?
6. ¿Dónde vive?

a. Se llaman Maite y Benjamín.
b. Tiene ocho años.
c. Vive en Kingston.
d. Tienen quince y dieciséis años.
e. Viven en San Juan.
f. Se llama Lupe.

Ejercicio 4

These are the answers. What are the questions? Remember the punctuation for questions.

1. _____ Se llaman Rosa y Raimundo.
2. _____ Tiene diez años.
3. _____ Vive en Las Vegas.
4. _____ Los dos tienen doce años.
5. _____ Se llama Laura Cimas.
6. _____ Viven en España.

Crucigrama

Complete the crossword with the missing words in the clues.

HORIZONTALES

5. ¿... es? Es Miguel.
6. ¿Dónde ... Luis? ¿Vive en La Habana?
7. ¿Quién es? ... Ana.
8. Esta es la ... Marielena Gómez.
10. Este es el ... Marquéz.
11. ¿Cómo te ...?
13. ¿... se llama?
14. ¿Cómo ... llama?

VERTICALES

1. ¿De ... es?
2. ¿Cuántos años ...?
3. ¿... años tienen?
4. Esta es la ... Teresa Cubas.
9. ¿Cuántos ... tienes?
12. Tengo doce ...

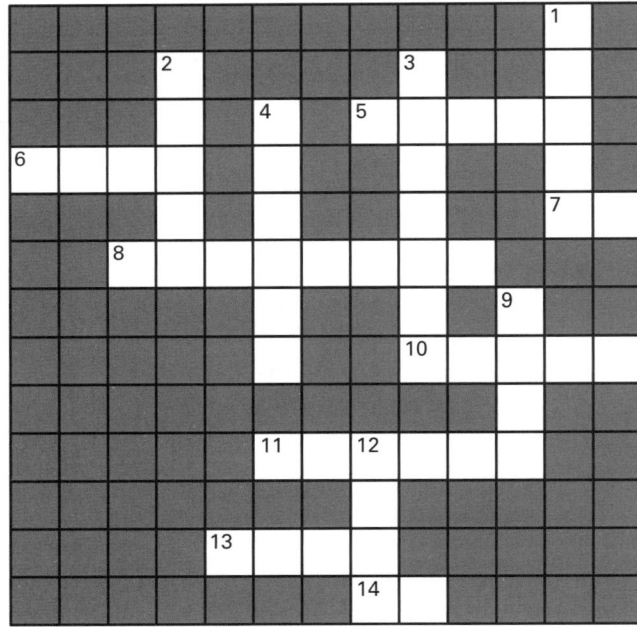

Preguntas

  Use the following words to make as many questions and answers as you can.

dónde   cómo   cuántos   vives

tienes   años   te   llamas   se

llama   tiene   vive   tu   amigo

padre   mi   en   tengo   vivo   me

llamo   Alicia   Susana   Luisa

Esteban   Claudio   Fernando

___

¿Qué hay? Cuaderno 1

Personalidades del mundo hispano (2)

Ejercicio 7

Write two sentences about each of these famous personalities.

For example:

Shakira

Se llama Shakira.
Tiene unos 40 años.

Gerard Pique

Antonio Banderas

Ricky Martin

Salma Hayek

Pablo Montoya

Enrique Iglesias

Rafael Nadal

veintiséis

Unidad 4 Mis nuevos amigos

Lionel Messi

Penélope Cruz

Using the statements below, fill in the missing information in the register.

1. El apellido de Cristina es Palma.
2. Sergio vive en Calle Bolívar, 10.
3. Roberto Ricas vive en Camino Real, 70.
4. Luisa tiene catorce años.
5. Félix Ibarra tiene trece años.
6. Clara vive en el número 30.
7. Antonio, Sandra y Catalina tienen once años.
8. El hijo de la familia Ferrol se llama Julio.

Nombre	Edad	Dirección
Sergio Benítez	10	....
.... Ferrol	12	Paseo del Mar, 62
....	13	Avenida Colón, 21
Antonio Menéndez	....	Plaza Mayor, 46
....	10	Camino Real, 70
Sandra Alonso	.....	Avenida de Cuba, 58
Catalina Iglesias	.....	Plaza de España, 92
Cristina	12	Calle Goya, 88
Luisa Ruperto	.....	Plaza de la Catedral, 65
Clara Torres	12	Carretera de Madrid, ...

veintisiete 27

¿De dónde eres?
Nacionalidades (1)

Ejercicio 1  Write the correct form of the adjective of nationality for each person.

1. Me llamo Gloria. Soy (colombiano) _____
2. Hola. Soy Esteban. Soy (español) _____
3. Soy María. Soy (ecuatoriano) _____
4. Me llamo Eduardo. Soy (canadiense) _____
5. Soy Carolina. Soy (nicaragüense) _____
6. Soy Jorge. Soy (peruano) _____

Ejercicio 2  Fill in the spaces in the following sentences with the correct form of the verb *ser*.

1. Hola. Me llamo Concepción. _____ española.
2. Mi nombre es Lucas. _____ de Bolivia.
3. ¿De qué nacionalidad _____ tú?
4. Mi tía vive en Miami, pero _____ de Cuba.
5. Yo _____ ecuatoriano. Vivo en Quito, capital de Ecuador.
6. ¿Tú _____ mexicano? _____ de Guadalajara, ¿no?

Nacionalidades (2)

Write the correct form of the adjective of nationality for each person.

¿Cuál es la nacionalidad…

1. de Honduras?
2. de Chile?
3. de Puerto Rico?
4. de Guatemala?
5. de Guyana?
6. de México?
7. de Jamaica?
8. de Cuba?
9. de Trinidad?
10. de Bolivia?
11. de Tobago?
12. de Perú?
13. de España?
14. de Ecuador?
15. de la República Dominicana?
16. de Uruguay?
17. de El Salvador?
18. de Nicaragua?
19. de Paraguay?
20. de Panamá?
21. de Brasil?

The shaded column says: _____

veintinueve 29

Nacionalidades del Caribe

  Unscramble the letters to find the Caribbean nationalities.

1. gütoabsene _____
2. riotintari _____
3. majinoaca _____
4. badenbarise _____
5. senütagine _____
6. gardanoin _____

 Complete these sentences with the correct adjective of nationality. Be careful to put the correct adjective ending.

1. Hola. Soy Marlene. Yo soy de Jamaica. Soy _____
2. Mi padre es de Cuba. Es _____
3. Mi tío es de Trinidad. Es _____
4. Buenas tardes. Soy Claudia. Soy de Granada. Soy _____
5. Hola, Juan. Tú eres de San Vicente, ¿no? Sí, soy _____
6. Ana es de Belice. Es _____

Las nacionalidades de los Estados Unidos

  Read this article, then answer the questions below.

El Correo Latinoamericano

dos de mayo

Hispanos en los Estados Unidos

La población estadounidense está formada por muchas nacionalidades, en su mayoría* hispanas.

En los Estados Unidos hay un total de cuarenta y tres millones de inmigrantes. Más de** once millones son de México, y otros tres millones y medio son de otros países latinoamericanos.

Un veintisiete por ciento de todos los inmigrantes es mexicano. Otros inmigrantes latinos son dominicanos, cubanos y salvadoreños.

Muchos de los inmigrantes viven en los estados de California, Florida y Tejas, y en los grandes centros urbanos como Chicago y Nueva York.

Las nacionalidades hispanas son muy importantes en los Estados Unidos.

VOCABULARIO

*la mayoría — the majority
**más de — more than

1. Which is the biggest ethnic immigrant group in the USA? _____
2. How many Mexican immigrants are there? _____
3. What percentage of the total immigrants do the Mexicans make up? _____
4. Name three other major Hispanic nationalities which make up the immigrant numbers in the USA. _____
5. What geographical areas do the immigrants live in? _____

Nacionalidades hispanas

Ejercicio 7

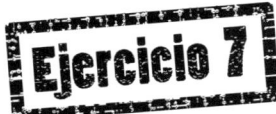

Label as many places on the map as you can. Can you also write in their corresponding adjective of nationality?

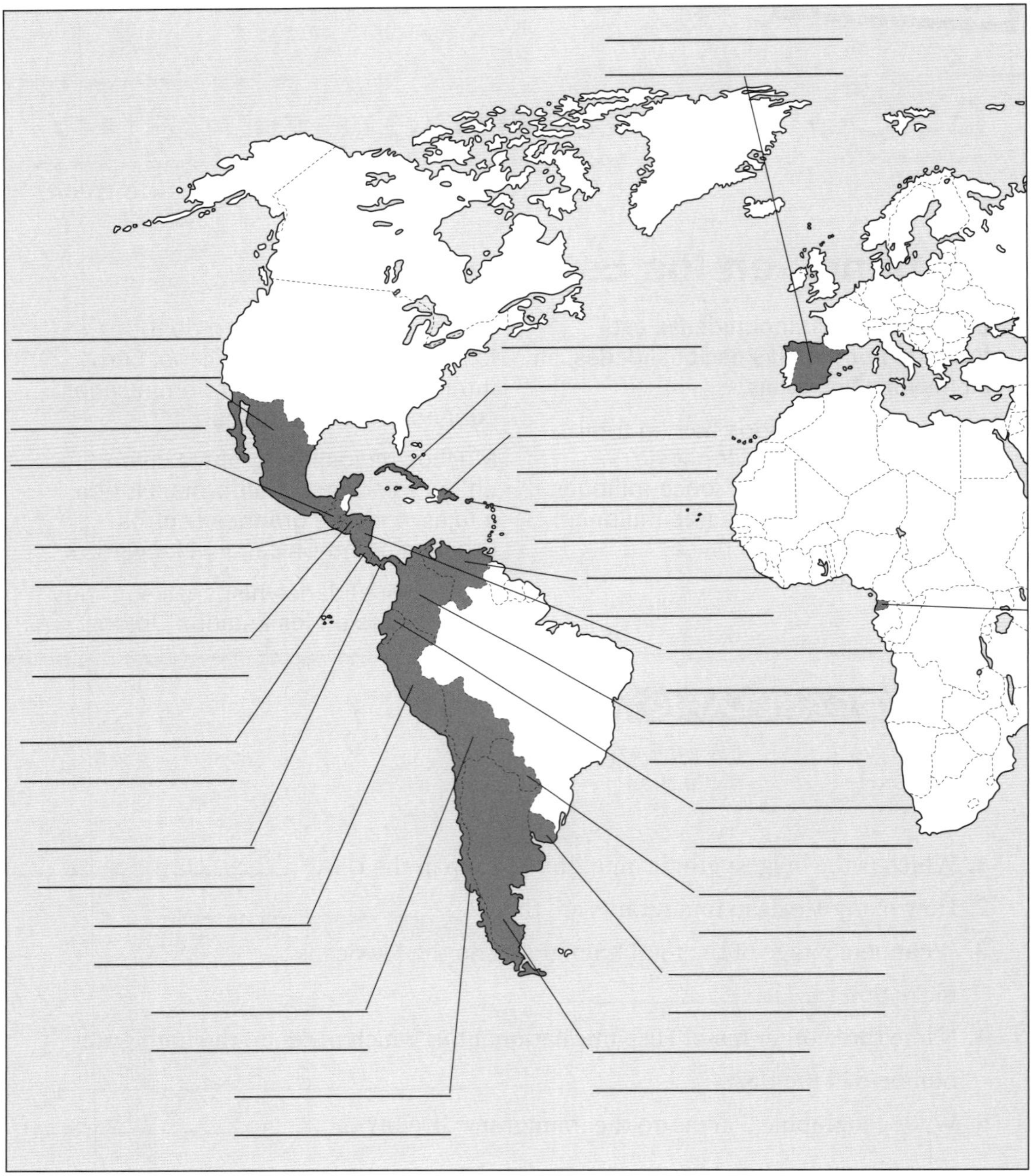

Te presento a mi familia

Mi familia (1)

Ejercicio 1 — Study the family tree. Then decide whether the statements about it are true (✓) or false (✗).

```
                    Javier = María
         ┌─────────────┴─────────────┐
   Fernando = Matilde           Claudia = Vicente
   ┌──────┬──────┐               ┌──────┐
 Laura  Jaime  Yo (Enrique)    Ramón  Elena
```

	Verdad	Mentira
1. Mis abuelos se llaman Claudia y Vicente.	☐	☐
2. Tengo dos hermanos.	☐	☐
3. Tengo dos primos.	☐	☐
4. Mi madre es la hermana de Claudia.	☐	☐
5. Mi tío se llama Ramón.	☐	☐
6. Javier y María son los padres de Claudia.	☐	☐
7. Fernando es el hermano de Claudia.	☐	☐
8. Ramón es el nieto de Javier y María.	☐	☐
9. Elena es la prima de Claudia.	☐	☐
10. Yo soy el hijo de Matilde y Ramón.	☐	☐

Ejercicio 2 — Now correct the five statements in Ejercicio 1 which were false.

_____
_____
_____
_____
_____

Mi familia (2)

Ejercicio 3

Choose the correct definite article (*el, la, los* or *las*) to go with each of these nouns.

1. _____ hijo
2. _____ madre
3. _____ padre
4. _____ abuelas
5. _____ padrastro
6. _____ hermanos
7. _____ primas
8. _____ nieta
9. _____ hijos
10. _____ tías
11. _____ hermanastra
12. _____ tíos

Ejercicio 4

Circle the correct form of the verb *tener* from the alternatives given, to complete the sentences.

1. Yo **tengo/tenemos** trece años.
2. Mi madre **tiene/tienen** dos hermanos.
3. Los padres de mi amigo **tiene/tienen** 45 años.
4. Nosotros **tengo/tenemos** muchos amigos.
5. ¿Cuántos años **tienes/tiene** tú?
6. Usted **tienes/tiene** una familia grande.
7. ¿**Tiene/Tienen** ustedes muchos primos?
8. Yo **tengo/tiene** veinte primos.

Ejercicio 5

Fill in the spaces in the following sentences with the correct form of the verb *tener*.

1. Yo _____ una familia grande.
2. ¿Cuántos hermanos _____ Javier?
3. Tú _____ muchos amigos venezolanos.
4. Nosotros _____ muchos amigos mexicanos.
5. ¿Cuántos primos _____ ustedes?
6. Mis padres _____ muchos hermanos.
7. Y yo _____ muchos tíos.
8. ¿Usted _____ abuelos?

Mi familia (3)

Ejercicio 6

Reorder the words in these sentences so that they make sense.

1. ¿años tú cuántos tienes? _____
2. tenemos mi yo y hermano primos muchos _____
3. tres tengo hermano hermanas y un _____
4. una tiene grande usted familia _____
5. tienen muchos padres mi de amigo los hijos _____
6. hermanastros tiene amigo dos mi _____

Ejercicio 7

Find and circle these words in the wordsearch.

h	e	r	m	a	n	a	s	t	r	a	n
c	h	p	m	t	u	b	i	o	o	s	t
i	e	a	a	a	b	u	e	l	a	h	m
h	r	d	r	n	i	e	t	o	p	i	a
e	m	r	e	n	s	l	í	i	r	j	d
r	a	e	n	e	h	o	o	v	i	o	r
m	n	m	i	p	n	n	p	e	m	e	a
a	a	h	e	r	m	a	n	o	o	u	s
n	s	i	t	i	l	h	d	l	t	s	t
a	t	j	a	m	a	d	r	e	i	s	r
a	r	a	u	a	e	a	s	h	t	í	a
b	o	o	p	a	d	r	a	s	t	r	o

tío
tía
hermanastro
hermanastra
padrastro
madrastra
hijo
hija
padre
madre
abuelo
abuela
nieto
nieta
hermano
hermana
primo
prima

Crucigrama

Complete the crossword with the missing words in the clues.

HORIZONTALES

1. La hija de mis padres es mi …
6. Mi … es el hijo de mi padrastro.
7. Yo soy el … de mis abuelos.
8. La madre de mis primos es mi …
9. Mi … es el padre de mi hermanastra.
11. La hija de mis tíos es mi …
13. El marido de mi abuela es mi …
14. Mi … es la esposa de mi padre.

VERTICALES

1. Mi hermana es la … de mis padres.
2. Mi … es la madre de mi hermanastro.
3. Mi tío es el … de mi padre.
4. Mi tío es el … de mis primos.
5. Mi … es la hija de mi madrastra.
8. Mi … es el hijo de mis abuelos, y el hermano de mi madre.
9. El hijo de mi tío es mi …
10. Yo soy el … de mis padres.
12. Mi … es la madre de mi madre.

Unidad 6 Te presento a mi familia

¿Verdad o mentira?

Indicate whether the following statements are true (✓) or false (✗). There are three false (mentira) and three true (verdad).

                                                                                          Verdad   Mentira

1. El rey Don Felipe tiene dos hijas.
2. La madre de Don Felipe se llama Doña Elena.
3. Doña Elena y Doña Cristina son hermanas.
4. Doña Sofía es la abuela de Leonor y Sofía.
5. Doña Letizia es la hermana de Doña Cristina.
6. Don Juan Carlos es el marido de Doña Letizia.

Now correct the three statements in Ejercicio 9 which were false.

_____
_____
_____

treinta y siete

¡Qué guapo!
¿Cómo soy?

Ejercicio 1

 Circle the odd-one-out in each group of words.

1. rubio   castaño   negros   pelirrojo
2. largo   negro   corto   rapado
3. pecas   azules   verdes   negros
4. liso   rizado   ondulado   bigote

Ejercicio 2

 Reorder the words in these sentences so that they make sense.

1. tiene Manolo pelo el rubio _____
2. el castaño y ojos tiene los pelo negros Pepe _____
3. Carlota los pelirrojo tiene pelo y el verdes ojos _____
4. Marielena pelo tiene el rizado corto y _____
5. y liso largo tiene Penélope pelo el _____
6. y el tiene Eduardo rapado pecas pelo tiene _____

Ejercicio 3

 Now make these sentences negative.

1. Roberto tiene los ojos negros. Tiene barba. _____
2. Teresa tiene el pelo largo. _____
3. Mateo tiene pecas. _____
4. Vicente tiene el pelo rapado. Tiene los ojos azules. _____
5. Magdalena tiene el pelo largo y ondulado. _____
6. Tengo el pelo castaño. _____

Unidad 7 ¡Qué guapo!

¿Cómo eres?

Ejercicio 4  Read what the people say to describe themselves, then fill in the grid in English.

> Me llamo Pablo. Tengo el pelo rubio, corto y rizado. Tengo los ojos azules. No tengo barba. No tengo bigote.

> Me llamo Santiago. Tengo los ojos negros y el pelo largo, castaño y ondulado. Tengo pecas.

> Me llamo Mercedes. Tengo el pelo rubio, largo y liso, y los ojos verdes.

> Me llamo Margarita. Tengo los ojos azules y el pelo rubio, corto y rizado.

> Soy Carmen. Tengo el pelo pelirrojo, corto y liso, y los ojos verdes.

> Me llamo Antonio. Tengo el pelo castaño y rapado, y los ojos negros. Tengo barba.

	Eyes	Hair colour	Hair length	Hair style	Other features
Pablo					
Santiago					
Mercedes					
Margarita					
Carmen					
Antonio					

treinta y nueve 39

¿Cómo es?

Ejercicio 5

Circle the correct adjective from the alternatives given to complete the sentences.

1. Beatriz es gordo/gorda.

3. Alicia es alto/alta.

2. David es delgado/delgada.

4. El padre de Juan es bajo/baja.

Ejercicio 6

Complete the crossword with the correct Spanish adjectives from the clues.

HORIZONTALES
1. El perro es… (big)
3. Mi compañera es… (small)
6. Mi hermano es… (short)
7. Mi madre es… (tall)

VERTICALES
1. Mi novio es… (good-looking)
2. Mi madre es… (thin)
4. Mi compañera es… (short)
5. Mi profesor es… (fat)

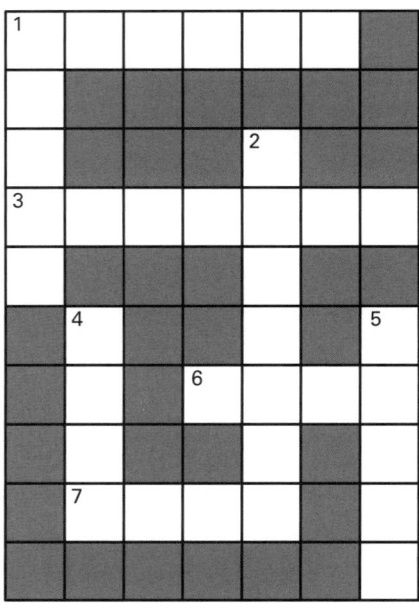

Algunas preguntas

  Pair up each question with the correct answer.

1. ¿Cómo es tu padre?
2. ¿Cómo te llamas?
3. ¿Cuántos años tiene tu hermano?
4. ¿Qué tal?
5. ¿Cuántos son ocho más tres?
6. ¿Dónde vives?
7. ¿Cuál es la capital de Chile?
8. ¿Cómo es tu hermana?
9. ¿Cómo se escribe?
10. ¿Cómo se llama tu hermano?

a. Son once.
b. Es gorda.
c. Es Santiago.
d. Es gordo.
e. Me llamo Santiago.
f. Se escribe S-a-n-t-i-a-g-o.
g. Se llama Tomás.
h. Vivo en Santiago.
i. Muy bien, gracias.
j. Tiene once años.

 These are the answers. What are the questions? Remember the punctuation for questions.

1. _____ Me llamo Alicia.
2. _____ Tengo doce años.
3. _____ Mi hermana se llama Sara.
4. _____ Vive en Bogotá.
5. _____ Bien, gracias.
6. _____ Son catorce.
7. _____ Es alto y delgado.
8. _____ Es Buenos Aires.
9. _____ No, es la capital del Perú.
10. _____ Vivo en Caracas.

¿Qué hay? Cuaderno 1

Más descripciones

Separate the words in the wordsnakes to make correct sentences.

MINOVIOESGUAPOTIENEELPELORUBIOLARGOYONDULADOYLOSOJOSVERDESESMUYALTOYDELGADO

_____
_____

MINOVIAESBASTANTEGUAPAESDETALLAMEDIANATIENEELPELOCORTOYLISOYLOSOJOSNEGROS

_____
_____

MIPADREESBASTANTEVIEJOTIENECANASYTIENEBARBAYBIGOTEESBASTANTEBAJOYGORDO

_____
_____

MIHERMANOESMUYPEQUEÑOTIENEDOSAÑOSTIENEELPELOCASTAÑOYCORTOYLOSOJOSVERDES

_____
_____

Write at least four sentences to describe a family member or friend.

_____
_____
_____
_____

¿Cómo me ves?

Crucigrama de los opuestos

Ejercicio 1

Complete the crossword with the answers to the clues.

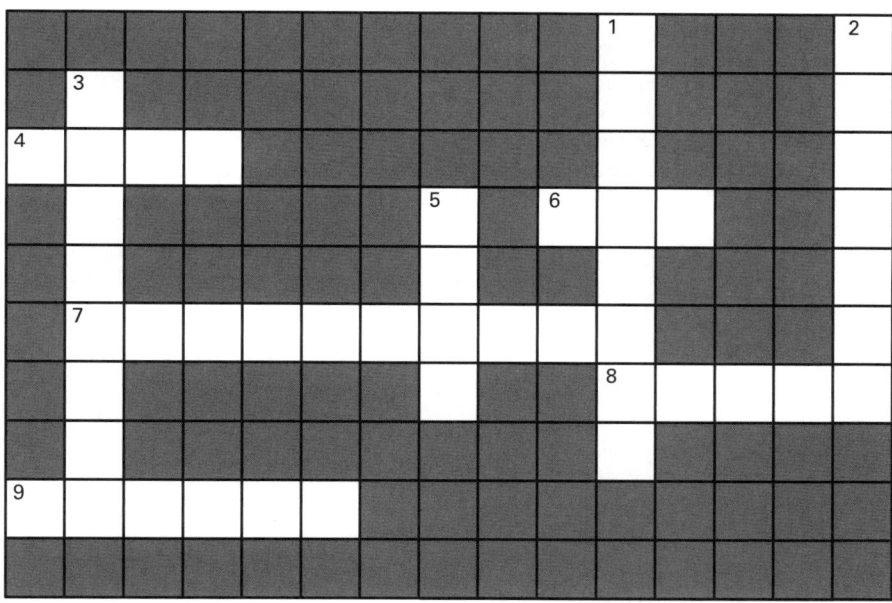

¿Cuál es el contrario de…

HORIZONTALES
4. alto?
6. guapo?
7. simpático?
8. alegre?
9. pequeño?

VERTICALES
1. trabajador?
2. gordo?
3. callado?
5. bajo?

cuarenta y tres

Los adjetivos

Ejercicio 2

Complete the sentences with the correct form of the adjective in brackets.

1. Mi hermano es muy _____ (perezoso)
2. Mis padres son muy _____ (simpático)
3. Mis amigas son muy _____ (organizado)
4. ¿Cómo son las profesoras? Son muy _____ (serio)
5. Mi abuela es _____ (trabajador)
6. Tus compañeros son muy _____ (hablador)
7. La novia de mi hermano es muy _____ (alegre)
8. Mi primo no es muy _____ (valiente)

Ejercicio 3

Read this description of Roberto's classmates and then answer the questions on it.

Mis compañeros de clase son todos simpáticos. Bueno, no todos. Hay dos o tres que no son muy simpáticos, pero no muchos.

Mi amiga Elena es muy guapa. ¡Y es organizada! Es trabajadora y bastante* callada.

Alfonso es mi amigo también. Él es muy alegre y hablador, pero un poco perezoso, y no muy serio.

VOCABULARIO
*bastante — quite

1. What are the majority of Roberto's classmates like? _____
2. Who is good-looking? _____
3. Name three other qualities of that person. _____
4. Who is Alfonso? _____
5. Name two positive and two negative characteristics of Alfonso. _____

Algunos negativos

Answer these questions in the negative. Then give a positive answer for each.

1. ¿Tienes catorce años?
   Por ejemplo: No tengo catorce años. Tengo doce años.

2. ¿Valparaíso es la capital de Chile?

3. ¿Tu padre se llama Raúl?

4. ¿La profesora de español es mexicana?

5. ¿Sus compañeros son simpáticos?

6. ¿Vives en Cuba?

7. ¿Tu amigo es trabajador?

8. ¿Tus hermanos son altos?

9. ¿Son organizados los alumnos de tu clase?

10. ¿Tu perro es delgado?

Los colores

Ejercicio 5

Unscramble the letters to find the colours.

1. luza _____
2. bocnal _____
3. nórmar _____
4. dreev _____
5. sirg _____
6. doraso _____
7. joor _____
8. grone _____
9. larmailo _____
10. ajornanada _____

Ejercicio 6

The bar graph shows the results of a class survey on favourite colours. Colour each block in the correct colour to show more clearly which colours are the favourites.

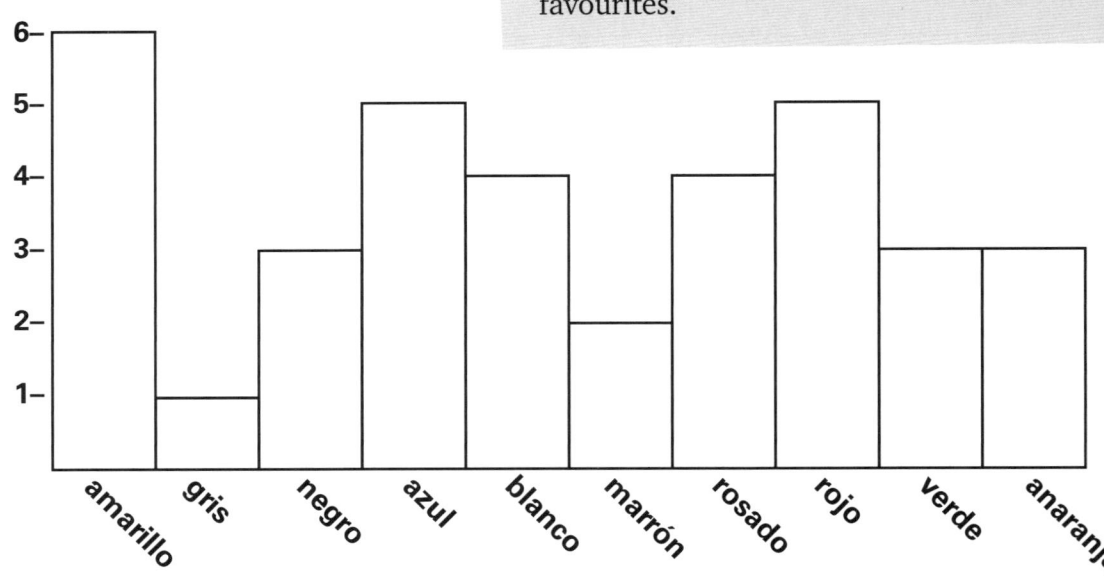

Unidad 8 ¿Cómo me ves?

Los colores de las banderas nacionales

Colour in the flags according to the code. Find out which country's flag it is and write in the correct adjective of nationality from the options below. Be careful! There are more options than answers.

1 rojo	6 anaranjado
2 marrón	7 blanco
3 azul	8 negro
4 amarillo	9 gris
5 verde	10 rosado

cubana   chilena   uruguaya
estadounidense   boliviana
española   ~~mexicana~~   colombiana

1. La bandera _mexicana_

3. La bandera _____

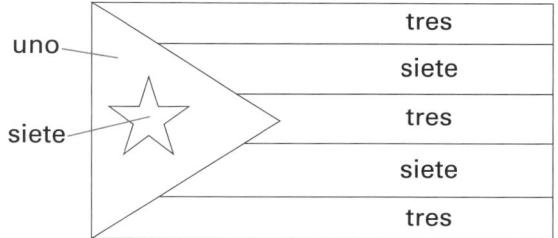

2. La bandera _____

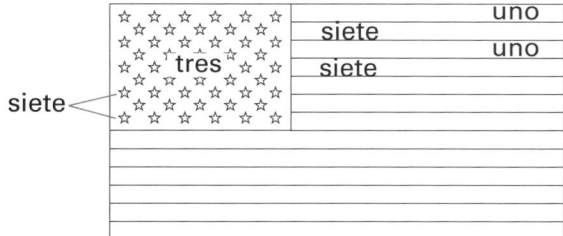

4. La bandera _____

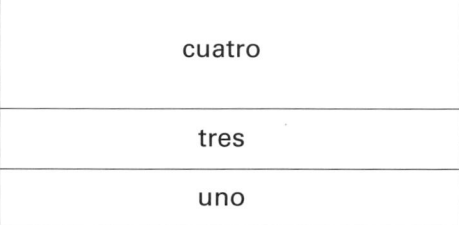

Ejercicio 8

Now draw your own nation's flag, or design a flag of your own. Colour it in and label the colours. Also name your flag.

Esta es la bandera _____

cuarenta y siete **47**

¿Qué día es hoy?
Los días y los meses

Circle the days of the week in this wordsearch. Which day is missing?

o	b	l	m	a	r	t	e	s
e	s	e	i	l	d	v	t	á
v	t	r	é	a	l	i	e	b
n	a	g	r	r	u	e	s	a
k	h	f	c	d	n	r	d	d
l	c	l	o	e	e	n	b	o
e	k	x	l	s	s	e	a	o
s	j	u	e	v	e	s	p	j
g	d	w	s	o	y	c	e	s

The missing day is:
_____

Ejercicio 2

Rewrite the list of the months in the correct order. The first one has been done for you.

febrero	septiembre	**1.** enero	**7.** _____
julio	mayo	**2.** _____	**8.** _____
noviembre	~~enero~~	**3.** _____	**9.** _____
marzo	diciembre	**4.** _____	**10.** _____
agosto	abril	**5.** _____	**11.** _____
junio	octubre	**6.** _____	**12.** _____

48   cuarenta y ocho

Unidad 9 ¿Qué día es hoy?

La fecha

Ejercicio 3

Write out in words the days and dates circled on the calendar.

		AGOSTO				
lu	ma	mi	ju	vi	sá	do
	1	(2)	(3)	4	5	6
(7)	8	9	10	11	(12)	13
14	15	16	17	(18)	19	20
21	(22)	23	24	25	26	(27)
28	29	30	31			

For example:

miércoles, dos de agosto

_____   _____
_____   _____
_____   _____

Ejercicio 4

Answer the following questions. If necessary, refer back to page 108 of Student's Book 1.

1. ¿Cuál es la fecha de tu cumpleaños?
   _____

2. ¿Cuál es la fecha del cumpleaños de tu compañero de clase?
   _____

3. ¿Cuál es la fecha del Día de Navidad?
   _____

4. ¿Cuál es la fecha del Día de la Hispanidad?
   _____

5. ¿Cuál es la fecha del Día de los Reyes?
   _____

6. ¿Cuál es la fecha de la Nochevieja?
   _____

cuarenta y nueve

Algunos números

Ejercicio 5

Put these numbers into the correct numerical order, starting with the smallest.

a. once
b. ochenta y dos
c. treinta y cuatro
d. cinco
e. doce
f. noventa y uno
g. trece
h. setenta y seis
i. veintiséis
j. sesenta y tres
k. catorce
l. cincuenta y nueve

For example: d, _____

Ejercicio 6

Using this *código secreto*, decipher the mystery message below.

A = 1	G = 7	M = 13	R = 19	X = 25
B = 2	H = 8	N = 14	S = 20	Y = 26
C = 3	I = 9	Ñ = 15	T = 21	Z = 27
D = 4	J = 10	O = 16	U = 22	
E = 5	K = 11	P = 17	V = 23	
F = 6	L = 12	Q = 18	W = 24	

- cinco doce • cinco veinte diecisiete uno quince dieciséis doce
- cinco veinte • veintidós catorce
- nueve cuatro nueve dieciséis trece uno • trece veintidós veintiséis
- nueve trece diecisiete dieciséis diecinueve veintiuno uno catorce veintiuno cinco
- cinco catorce • cinco doce
- trece veintidós catorce cuatro dieciséis • ocho dieciséis veintiséis.

_____

_____

_____

Unidad 9 ¿Qué día es hoy?

¿Qué hora es?

Ejercicio 7  Pair up each clock with the correct time.

- a. Son las nueve y veinte.
- b. Es la una y quince.
- c. Son las seis.
- d. Son las once menos cuarto.
- e. Son las dos y media.
- f. Son las doce.
- g. Es la una y cinco.
- h. Son las siete menos veinticinco.
- i. Son las ocho y media.
- j. Son las tres menos cinco.

Ejercicio 8 Write these times in words.

1. _____
2. _____
3. _____
4. _____
5. _____
6. _____

cincuenta y uno **51**

¿Qué hora es en...?

What time is it around the world? Study the map and read the text. Then answer the questions.

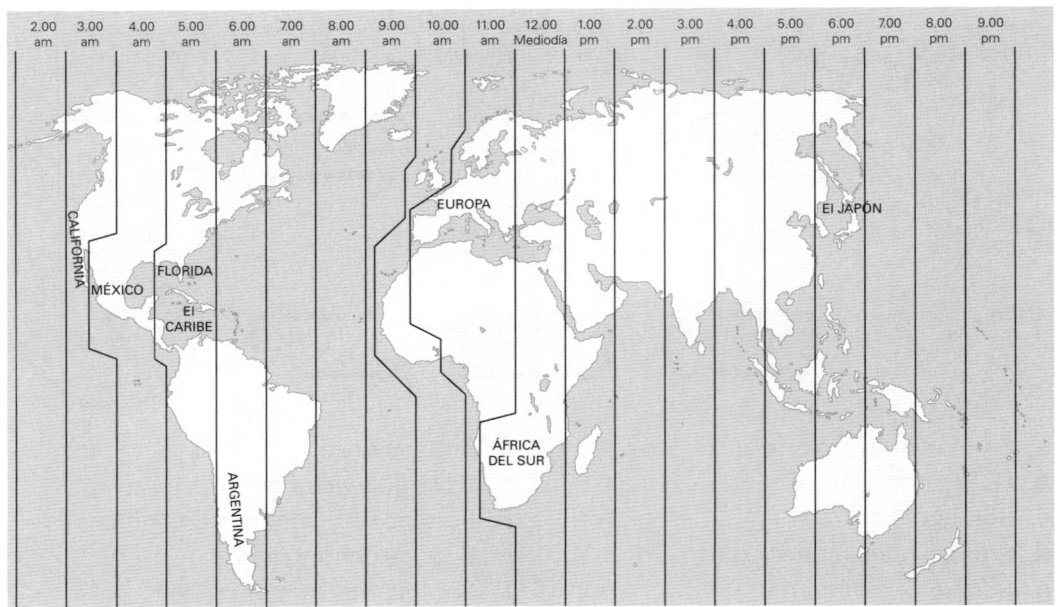

Son las seis de la tarde en Australia, pero en España son las once de la mañana. En el Japón son las seis de la tarde. En los Estados Unidos todavía es de noche en California, pero en Florida son las cinco de la mañana.

Si son las once de la mañana en España…

1. en Australia…
  a. son las nueve de la mañana
  b. son las seis de la tarde
  c. es medianoche
  d. son las nueve de la noche

2. en California…
  a. es de noche
  b. es mediodía
  c. es medianoche
  d. es de día

3. en el Japón…
  a. son las seis de la tarde
  b. son las seis de la mañana
  c. es mediodía
  d. es de noche

4. en Florida…
  a. son las cinco de la tarde
  b. son las cinco de la mañana
  c. es de noche
  d. es mediodía

Unidad 9 ¿Qué día es hoy?

¿Está cerrado o abierto?

You have a book which you wish to return to the library, and some dry-cleaning which needs collecting. Read the following notices which say when each place is open. Then answer the questions on them.

LAVANDERÍA BLANQUÍSIMA
Especialidad en limpieza en seco

Abierta todas las mañanas
de las ocho y media, a doce

*

Por la tarde, abierta
lunes y jueves
de dos, a cuatro

*

Cerrada los fines de semana

BIBLIOTECA MUNICIPAL
HORARIO

De lunes a miércoles
desde las nueve, hasta la una
y media

Los jueves,
desde las diez, hasta las cinco

Cerrada los viernes

Los sábados, abierta
desde las nueve, hasta las dos

Los domingos y otros días festivos,
cerrada

VOCABULARIO

la limpieza en seco	dry-cleaning
la biblioteca	library
el horario	timetable
el día festivo	holiday

1. Is the library open on Tuesday morning at nine? _____
2. Could you collect your dry-cleaning then too? _____
3. Could you return your book on a Thursday afternoon? _____
4. What about the dry-cleaning at that time? _____
5. What about Tuesday afternoon for the library and the dry-cleaning? _____
6. Can you go to the library on Friday? _____
7. It's nearly Christmas. Will the library be open over the Christmas holiday? _____
8. Can you pick up your dry-cleaning at the weekend? _____

cincuenta y tres **53**

¿Qué hay? Cuaderno 1

On page 108 of the Student's Book 1, we learnt about some of the famous celebrations in the Hispanic world. On the eve of *el Día de los Reyes*, 6th January, in many Spanish towns, the three kings arrive, and parade through the streets on floats, throwing out sweets to the children. Here is a poster advertising the event. Answer the questions that follow.

GRAN DESFILE* DE LOS REYES

Sábado, 5 de enero
A las 7 de la tarde

En el Paseo Marítimo
Pasando por la Avenida de Madrid
y la Calle Cervantes
Y terminando en la Plaza de España

Con **música**
Fuegos artificiales
Y **bombones**

VOCABULARIO

*El desfile = parade, procession

1. What day of the week is the event?

2. What date is the event?

3. What time will the event start?

4. Describe the route of the procession.

5. Where will it finish?

6. What three elements will the children find exciting?

54 cincuenta y cuatro

Unidad 10 La vuelta al colegio

Las cosas para el colegio

Circle all the schoolbag items you can find in the wordsearch. Then write them in two lists underneath, according to whether they are masculine or feminine nouns. Which item can you find twice?

k	e	w	g	b	m	k	o	p	c	s	a
o	s	a	c	a	p	u	n	t	a	s	d
e	t	h	s	d	g	k	r	h	l	b	f
m	u	l	á	p	i	z	e	v	c	o	t
o	c	i	e	n	l	p	g	w	u	l	c
c	h	b	c	x	b	p	l	q	l	í	u
h	e	r	r	e	g	l	a	c	a	g	a
i	l	o	a	d	r	u	i	n	d	r	d
l	u	g	u	m	y	m	k	g	o	a	e
a	r	m	a	r	c	a	d	o	r	f	r
f	c	a	r	p	e	t	a	m	a	o	n
l	d	i	c	c	i	o	n	a	r	i	o

El (masculine)

_____ _____

_____ _____

_____ _____

_____

La (feminine)

_____ _____

_____ _____

_____ _____

The word which appears twice is: _____

cincuenta y cinco 55

'El/la/los/las', 'Un/una/unos/unas'

Ejercicio 2

Complete the following description of what Carlos has in his backpack. Use the correct definite or indefinite article, according to whether the description refers to a specific item or not.

For example: En <u>la</u> mochila de Carlos hay <u>una</u> agenda.

En _____ mochila de Carlos hay _____ agenda, _____ lápices y _____ cuadernos. Hay _____ libro de francés de María y _____ marcadores de Alberto. _____ marcadores son negros y azules. Hay _____ diccionario y _____ carpetas. _____ carpetas son amarillas. También hay _____ bolígrafos y _____ goma en _____ estuche. ¡_____ mochila de Carlos es muy grande!

Ejercicio 3

Sketch the items mentioned in Ejercicio 2, or name them in English.

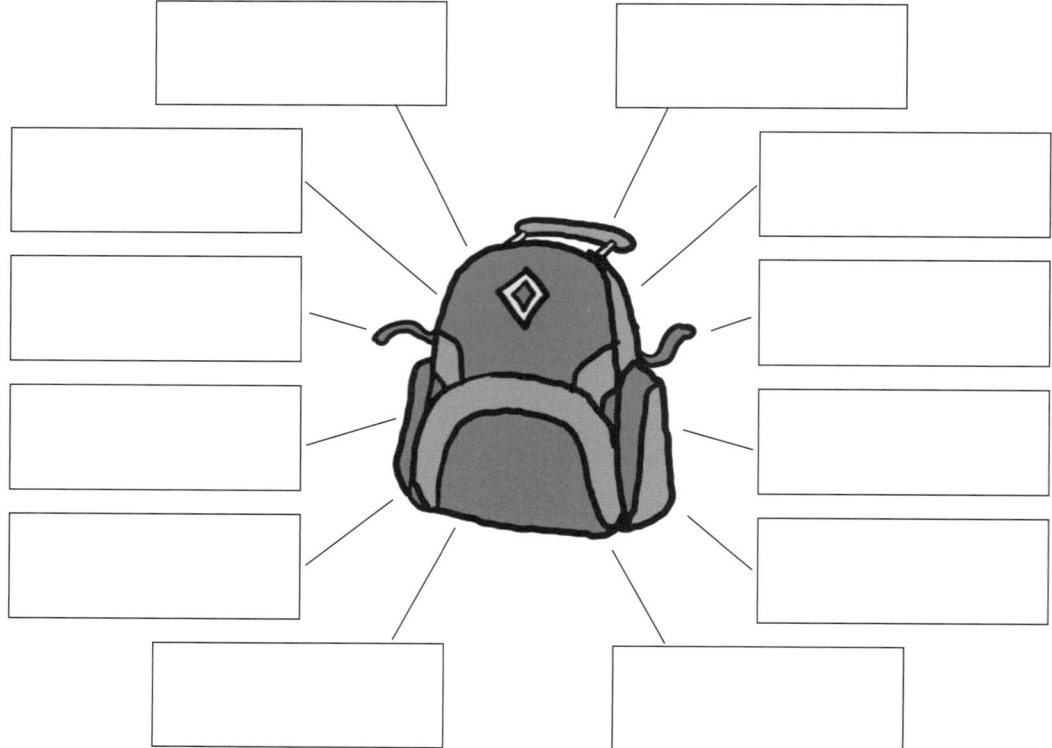

En el aula

Ejercicio 4

Complete the crossword with the names of the items marked on the picture of the classroom.

H = Horizontal
V = Vertical

cincuenta y siete

El colegio

Ejercicio 5 — Pair up each question with the correct answer.

1. ¿Cómo se llama tu colegio?
2. ¿Cómo es tu colegio?
3. ¿Dónde está tu colegio?
4. ¿Tu colegio es masculino?
5. ¿Hay uniforme?
6. ¿Cómo es el uniforme?
7. ¿Cuántos alumnos hay?
8. ¿Cuántos profesores hay?

a. No, es mixto.
b. Hay unos 300.
c. Se llama Colegio Mayor San Francisco.
d. Es azul y gris.
e. Es bastante pequeño y antiguo, pero muy bonito.
f. Hay unos 50.
g. Está en el centro de la ciudad.
h. Sí, hay uniforme.

Ejercicio 6 — Circle the correct verb (*ser* or *estar*) from the alternatives given to complete the sentences.

1. Mi colegio **es/está** grande.
2. **Es/Está** mixto.
3. **Es/Está** en el norte de la ciudad.
4. Los alumnos **son/están** mayores de 11 años.
5. El uniforme **es/está** moderno.
6. **Es/Está** azul y blanco.

Ejercicio 7 — Answer these questions about your own school.

1. ¿Cómo se llama tu colegio? _____
2. ¿Cómo es tu colegio? _____
3. ¿Dónde está tu colegio? _____
4. ¿Tu colegio es sólo para chicos? _____
5. ¿Hay uniforme? _____
6. ¿Cómo es el uniforme? _____
7. ¿Cuántos alumnos hay? _____
8. ¿Cuántos profesores hay? _____
9. ¿Cómo son los profesores? _____

Unidad 10 La vuelta al colegio

¿Dónde está?

Ejercicio 8  Pair up each Spanish phrase with its English equivalent. The first one has been done for you.

1. detrás de
2. delante de
3. enfrente de
4. entre
5. sobre
6. debajo de
7. cerca de
8. lejos de

a. near
b. on top of
c. between
d. behind
e. far from
f. in front of
g. under
h. opposite

Ejercicio 9  Use a dice or a spinner to make up sentences from the grid. Write each sentence.

Remember... de + el = del

1 El bolígrafo		1 detrás de	1 la puerta
2 La agenda		2 delante de	2 el armario
3 Los lápices	está	3 lejos de	3 las sillas
4 Las carpetas	están	4 debajo de	4 la papelera
5 La calculadora		5 sobre	5 la computadora
6 El estuche		6 cerca de	6 los pupitres

cincuenta y nueve 59

  Indicate whether the following statements are true (✓) or false (✗). There are three false (mentira) and three true (verdad).

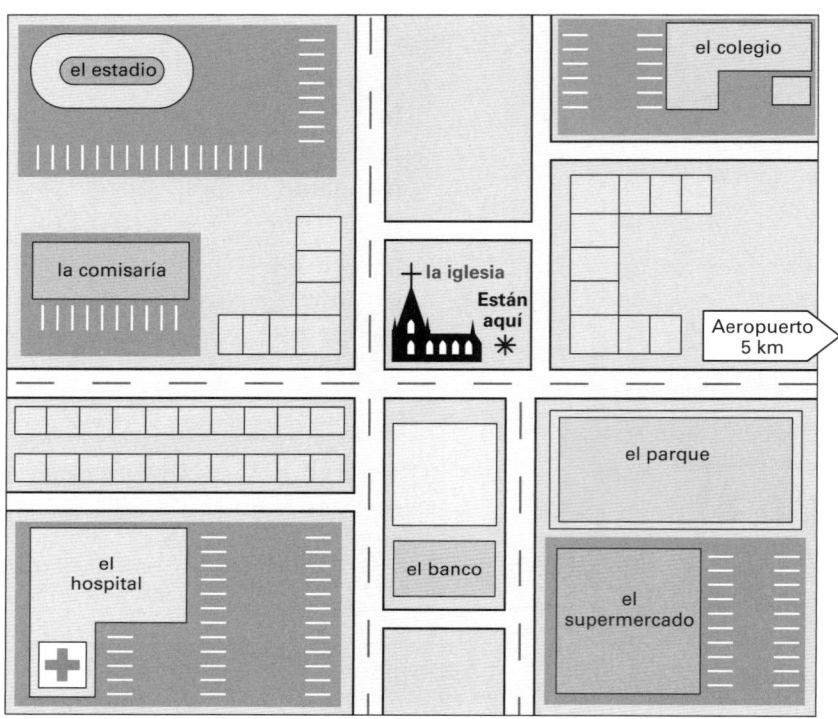

	Verdad	Mentira
1. El aeropuerto está lejos.	☐	☐
2. El parque está cerca del supermercado.	☐	☐
3. El banco está lejos del supermercado.	☐	☐
4. El colegio está cerca del hospital.	☐	☐
5. La comisaría está entre el hospital y el supermercado.	☐	☐
6. El estadio está detrás de la comisaría.	☐	☐

Now correct the three statements which were false.

_____

_____

_____

¡Qué calor!
¿Qué tiempo hace? (1)

Ejercicio 1

Fill in the missing letters to complete these weather expressions.

1. E_tá   ne_ando
2. H_ y   nie_la
3. Ha_   tor_en_a
4. Est_   llo_iendo
5. Ha_e   _a_   _ie_p_
6. _ace   s_l
7. Hac_   frí_
8. H_ce   vi_nt_
9. Es_á   _ubla_o
10. Ha_e   _alo_
11. H_ce   f_es_o
12. Ha_e   bue_   t_em_o

Ejercicio 2

Pair up each picture with the correct weather expression from Ejercicio 1.

a.  ☐
b.  ☐
c.  ☐
d.  ☐
e. 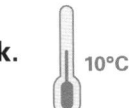 ☐
f.  ☐

g. ☐
h. ☐
i. ☐
j. ☐
k. ☐
l. ☐

sesenta y uno   61

¿Dónde...?

Fill in the spaces in this word puzzle and find out what is written in the shaded column. What is its English translation?

1. Chile está en el ... de América Latina.
2. California está en el ... de los Estados Unidos.
3. Ciudad de México está en el ... de México.
4. ... de Guatemala es la capital de Guatemala.
5. En el ... en el norte hace mucho frío.
6. En la ... hace buen tiempo.
7. En el ... en el Caribe hay muchos huracanes.
8. Santiago es la capital de ...

Look at the map below.
9. En la ... hace frío.
10. En la ... en el verano hace calor.
11. En el ... hace calor y hace sol.

The shaded column says: _____

Its English translation is: _____

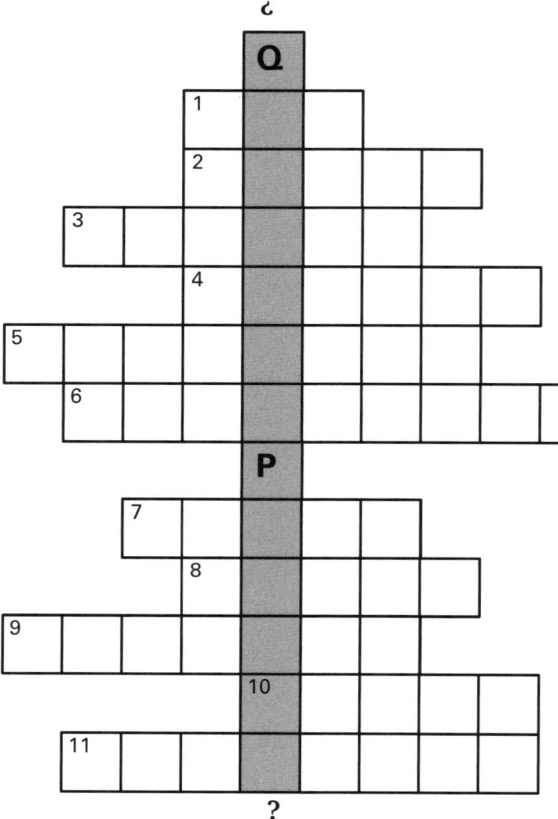

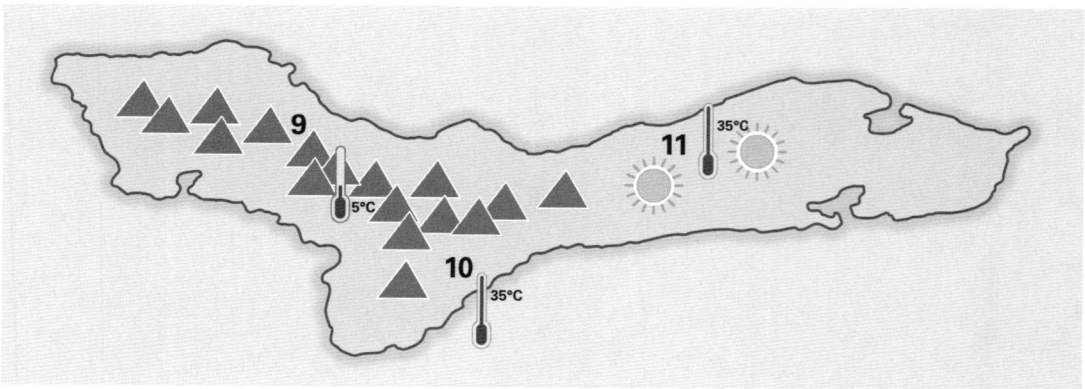

¿Qué tiempo hace? (2)

Read this weather report and fill in the grid in English, giving the information about the weather for different towns.

En Ciudad de México hace sol y calor por la mañana. Por la tarde en Guadalajara hace viento y llueve. Por la noche en Guanajuato hace frío y hay tormenta.
En Mérida hace frío por la mañana y nieva por la tarde.

	When	What weather
Ciudad de México		
Guadalajara		
Guanajuato		
Mérida		

Referring back to page 146 Student's Book 1, fill in the gaps in the sentences using words from the box.

| invierno llueve julio frío hace interior verano noviembre nieva hay hace |

1. En Florida _____ sol y _____ calor.
2. En el interior en el _____ hace frío y en el _____ hace calor.
3. En los meses de _____ a _____ en el sureste a veces _____ huracanes.
4. En las montañas Rocky _____ y hace _____ .
5. A veces _____ mucho en California.
6. El clima es extremo en el _____ .

Read the following statements. Do you think they are true (✓) or false (✗)?

                        Verdad   Mentira

1. En Jamaica nieva mucho.
2. En octubre en el Caribe hay huracanes.
3. En agosto en California siempre hace frío.
4. En la costa de los Estados Unidos en el invierno a veces hay niebla.
5. En el interior de Australia hay un clima extremo.

Expresiones con 'tener'

Fill in the spaces in the following sentences with the correct form of the verb *tener*.

1. Yo _____ dos hermanos.
2. ¿Cuántos años _____ tu padre?
3. Nosotros _____ un profesor simpático.
4. ¿Tú _____ el libro de español?
5. Mis amigos no _____ diccionario.

Ejercicio 8

Choose the correct expression to go with each statement.

1. Un refresco, por favor.
   a. Tengo hambre. ☐
   b. Tengo sed. ☐
   c. Tengo frío. ☐
   d. Tengo calor. ☐
2. Son cien grados.
   a. Tengo hambre. ☐
   b. Tengo sed. ☐
   c. Tengo frío. ☐
   d. Tengo calor. ☐
3. Son cero grados.
   a. Tengo hambre. ☐
   b. Tengo sed. ☐
   c. Tengo frío. ☐
   d. Tengo calor. ☐
4. Un sándwich, por favor.
   a. Tengo hambre. ☐
   b. Tengo sed. ☐
   c. Tengo frío. ☐
   d. Tengo calor. ☐

Answer these questions in the negative. Then give a positive answer for each.

For example: ¿Tomás tiene frío? No, Tomás no tiene frío. Tomás tiene calor.

1. ¿Marta tiene sed? _____
2. ¿Los alumnos tienen calor? _____
3. ¿Tú tienes hambre? _____
4. ¿Ustedes tienen frío? _____
5. ¿Usted tiene calor? _____
6. ¿Ustedes tienen frío? _____

Más práctica con el verbo 'tener'

Ejercicio 10

Read the two emails. Choose which three of **a–f** go with each of the emails.

¡Hola!
Me llamo Lupe. Tengo trece años. Soy mexicana y vivo en Oaxaca. Tengo una familia grande, con muchos tíos y tías, y muchísimos primos. En casa somos mis padres, mis dos hermanos, mi hermana pequeña y mi abuelo. Mi hermano mayor, que tiene dieciocho años, es muy guapo. Se llama Raúl. Es alto y delgado y tiene los ojos negros. Tiene el pelo corto y negro. ¡Ah! También tenemos un perro bastante gordo pero muy simpático.

Un saludo de
Lupe

¡Buenos días! ¿Qué hay?
Mi nombre es Juana. Tengo doce años. Soy de Puerto Rico, de la capital San Juan. Vivo con mi madre, mi padrastro y mis dos hermanas. No tengo abuelos. Yo tengo el pelo largo y rizado y a veces llevo trenzas. ¿Cómo eres tú? Mis hermanas son muy simpáticas. Sólo tienen ocho y nueve años. Las dos tienen pecas. ¿Tú tienes hermanos?

Bueno, nada más por hoy.

Un abrazo de
Juana

a. 18 **b.**  **c.** 8 **d.**  **e.**  **f.** 12

Ejercicio 11

Using the information from the emails in Ejercicio 10, pair up the two halves of each of these sentences.

1. Lupe
2. Juana
3. Lupe vive
4. Juana vive
5. El hermano de Lupe
6. Raúl tiene
7. Juana tiene
8. Las hermanas de Juana
9. Ellas tienen
10. El perro de Lupe
11. Las hermanas de Juana
12. El perro de Lupe

a. se llama Raúl.
b. esta bastante gordo.
c. en San Juan.
d. tiene trece años.
e. es muy simpático.
f. tienen 8 y 9 años.
g. son muy simpáticas.
h. el pelo negro y corto.
i. en Oaxaca.
j. tiene doce años.
k. el pelo largo y rizado.
l. pecas.

¿Qué hay? Cuaderno 1

Latino América

Ejercicio 12

Look at the map of Central and South America. Label the physical features with the names from the box below.

El pico del Aconcagua.
Altura: 6959m.

El río Amazonas	La cordillera de los Andes	El Océano Pacífico
El Océano Atlántico	El Mar Caribe	~~El pico del Aconcagua~~
El Canal de Panamá	La Sierra Madre (México)	

66 sesenta y seis

Preferencias y gustos

Las actividades

Ejercicio 1

Unscramble the letters to find the sports.

timelatso _____ caniónta _____
búflot _____ zejared _____
tines _____ blonté _____
lovebiol _____ lobacentos _____
quirect _____ bibsolé _____

Ejercicio 2

Use the pictures to write sentences.

Key: 😄 = me gusta
😒 = no me gusta 
😄😄 = prefiero 

For example: 😄 🎾 , 😄😄 🥽 
Me gusta el tenis, pero prefiero la natación.

1.  😄 🥽 , 😄😄 🏀 _____

2.  😒 🏃, 😄😄 ⚽ _____

3.  😒 🎾 , 😄 ♟ _____

4.  😄 🏏 , 😄😄 🥎 _____

5.  😒 🏀 , 😄 🏐 _____

Más actividades

Fill in the missing letters in these expressions and find the question these letters make. Then answer the question for yourself.

1. Ir al par_ue
2. Ver una pelíc_la
3. ¿Qu_ tipo de película?
4. Jugar al _enis
5. Ir al cin_
6. Ju_ar a voleibol
7. Ir a casa de _n amigo
8. Ir de compra_
9. Jugar al fú_bol
10. Jugar al _jedrez
11. Jugar al _ockey
12. Los dibujos _nimados
13. To_ar la guitarra
14. Practicar atl_tismo
15. Sali_ con los amigos

The question is: _____
Me gusta _____

Reorder the words in these sentences so that they make sense.

1. me no terror de las gustan películas, animados los prefiero dibujos
   _____
2. con salir gusta mucho me amigos los
   _____
3. nada al no cine ir me gusta, de prefiero compras ir
   _____
4. ¿la tocar te guitarra gusta? el tocar piano prefiero
   _____

La comida

Ejercicio 5

Pair up the two halves of each of these food words. Then write the English equivalent of each word.

For example: **1. k.** pescado – fish

1. pes	**a.** late	_____
2. pap	**b.** ña	_____
3. pláta	**c.** llo	_____
4. pi	**d.** món	_____
5. man	**e.** tel	_____
6. choco	**f.** as	_____
7. pas	**g.** ne	_____
8. ja	**h.** zanas	_____
9. po	**i.** nos	_____
10. car	**j.** che	_____
11. le	**k.** cado	_____

Ejercicio 6

Pair up each statement with the correct set of symbols.

1. Me gusta la comida china.
2. No me gustan nada los pasteles.
3. Me gustan mucho los plátanos.
4. Me gusta mucho el chocolate.
5. No me gusta el pollo.
6. No me gustan nada las uvas.
7. Me gusta mucho el helado.
8. No me gusta el pescado.
9. Me gusta mucho la piña.
10. Me gusta el queso.

sesenta y nueve

Más comida

Ejercicio 7

Read the bubbles and choose the best meal for each person.

1. Me gustan el jamón y el queso, pero no me gustan las papas. Me gusta mucho el pan. También me gusta la fruta, especialmente las uvas y los plátanos.

2. Me gusta mucho el pescado, pero con papas y no con pasta. No me gusta la pasta. Me gusta la ensalada. Me gusta mucho, mucho el helado.

3. Me gusta mucho la comida italiana, la pasta con ensalada, y el helado. No me gustan las papas, y no me gusta nada el pescado.

4. Me gusta la pasta, con carne. Pero no me gustan los tomates. Me gusta mucho el pastel de chocolate, pero no me gusta la fruta.

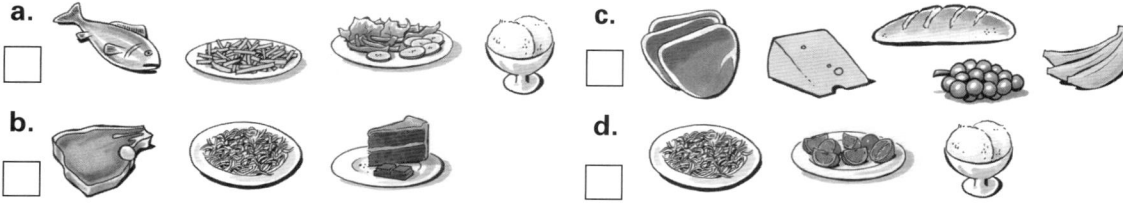

Ejercicio 8

Follow the lines to discover what each person likes. How do they say what they like?

For example: Eduardo: Me gustan...

setenta

¿Qué te gusta comer?

Ejercicio 9  Answer these questions in a full sentence.

1. ¿Te gusta la comida china? _____
2. ¿Te gustan los mangos? _____
3. ¿Te gusta el helado? _____
4. ¿Te gustan las papas? _____
5. ¿Te gusta la comida india? _____
6. ¿Te gusta el pescado? _____

Ejercicio 10  Unscramble the letters to find the food and drink items.

1. azorr _____
2. loplo _____
3. chugela _____
4. zamanan _____
5. lacohocet _____
6. ajanranad _____

Ejercicio 11  Pair up each sentence with its English translation.

1. Me gusta la limonada.
2. A Juan le gustan los refrescos.
3. A Daniel y a David les gusta el jugo de naranja.
4. Les gustan las papas.
5. Le gusta la piña.
6. No les gustan los mangos.
7. No le gustan los mangos.
8. ¿Te gustan los plátanos?
9. Les gustan los plátanos.
10. ¿A Daniel y a David les gustan las papas?

a. He doesn't like mangoes.
b. She likes pineapple.
c. I like lemonade.
d. They don't like mangoes.
e. Do Daniel and David like potatoes?
f. They like bananas.
g. Do you like bananas?
h. Daniel and David like orange juice.
i. They like potatoes.
j. Juan likes soft drinks.

OXFORD
UNIVERSITY PRESS

Great Clarendon Street, Oxford, OX2 6DP,
United Kingdom

Oxford University Press is a department of the University of Oxford.
It furthers the University's objective of excellence in research, scholarship, and education by publishing worldwide. Oxford is a registered trade mark of Oxford University Press in the UK and in certain other countries

Text © Christine Haylett 2018
Original illustrations © Oxford University Press 2018

The moral rights of the authors have been asserted

First published by Nelson Thornes Ltd in 2007
This edition published by Oxford University Press in 2018

All rights reserved. No part of this publication may be reproduced, stored in a retrieval system, or transmitted, in any form or by any means, without the prior permission in writing of Oxford University Press, or as expressly permitted by law, by licence or under terms agreed with the appropriate reprographics rights organization. Enquiries concerning reproduction outside the scope of the above should be sent to the Rights Department, Oxford University Press, at the address above.

You must not circulate this work in any other form and you must impose this same condition on any acquirer

British Library Cataloguing in Publication Data
Data available

978-0-19-842585-4

11

Paper used in the production of this book is a natural, recyclable product made from wood grown in sustainable forests. The manufacturing process conforms to the environmental regulations of the country of origin.

Printed in China by Golden Cup

Acknowledgements

The publisher and authors would like to thank the following for permission to use photographs and other copyright material:

Cover: monkeybusinessimages/iStockphoto; **p18:** Stockdisc 128 (OUP); **p26 (clockwise from top left):** Dfree/Shutterstock; Maxisport/Shutterstock; Kathy Hutchins/Shutterstock; Dfree/Shutterstock; Denis Makarenko/Shutterstock; Action Sports Photography/Shutterstock; s_bukley/Shutterstock; lev radin/Shutterstock. **p27(l):** mooinblack/Shutterstock; **p27(r):** Featureflash Photo Agency/Shutterstock; **p37(tl):** Carlos Alvarez/Getty Images; **p37(tr):** Gtres Información más Comuniación on line, S.L./Alamy Stock Photo; **p37(bl):** 360b/Alamy Stock Photo; **p37(br):** dpa picture alliance/Alamy Stock Photo.

Artwork by Mark Draisey, Mike Bastin, KJA, Roger Penwill, David Russell, and Sarah Wimperis.

Although we have made every effort to trace and contact all copyright holders before publication this has not been possible in all cases. If notified, the publisher will rectify any errors or omissions at the earliest opportunity.

Links to third party websites are provided by Oxford in good faith and for information only. Oxford disclaims any responsibility for the materials contained in any third party website referenced in this work.

The manufacturer's authorised representative in the EU for product safety is Oxford University Press España S.A. of El Parqu Empresarial San Fernando de Henares, Avenida de Castilla, 2 – 28830 Madrid (www.oup.es/en or product.safety@oup.com). OUP España S.A. also acts as importer into Spain of products made by the manufacturer.